AF586551

PROPOSITION PRESENTEE AV ROY,

D'VNE ESCRITVRE

Vniuerselle, admirable pour ses effects, tres-vtile & necessaire à tous les hommes de la terre.

Par I. DOVET, *Sieur de Rompcroissant.*

A PARIS,
Chez IACQVES DVGAAST, ruë de la vieille Bouclerie, à l'enseigne du gros Tournois.

M. DC. XXVII.

PROPOSITION

presentée au Roy, d'vne Escriture vniuerselle, admirable pour ses effects, tres-vtile & necessaire à tous les hommes de la terre.

SIRE,

Puis que i'ay le bon-heur d'estre nay François, & de parens qui de longue main ont eu l'honneur de faire seruices és maisons de Bourbon, de

Valois & de Medicis, & encores de gouſter en cette floriſſante Monarchie des delices nõpareilles que le Tout-puiſſant y influë, à cauſe des ſeuls merites de voſtre Majeſté. GRAND LOVYS, EXPVGNATEVR DE VILLES, TERREVR DE REBELLES ET DE SES ENNEMIS, QVI A ACQVIS LE SVR-NOM DE IVSTE, ET QVI MERITE CELVY DE TRES-IVSTE. Apres vne ſubmiſſion & reuerence que ie fais à voſtre Majeſté, non telle quil luy appartient, &

ainſi qu'elle en eſt digne & le merite, mais comme humainement ie puis. Luy diray pluſtoſt qu'à autres (quelque grand qu'il ſoit entre les Monarques) que la diuerſité des langues qui ſont parmy cét Vniuers, qui prirent leur origine au temps de Nembrot, ediffiant Babel, eſt le troiſieſme fleau, duquel le grand Dieu ſ'eſt voulu ſeruir pour punir les humains de leurs pechez, mettant pour le premier, la mort à laquelle ils ſont ſujets à cauſe de la transgression du premier homme, & le deluge vniuersel arriuê au temps de Noé pour le second. Ces deux premiers fleaux, SIRE, sont sans remede; mais le troisiesme, combien qu'il semble le mesme au sens naturel, peut toutesfois estre en peu de temps aucunement diminué, & auec le temps du tout osté, par le moyen d'vne Escriture que le Tout puissant m'a de sa grace fait trouuer, composée de nouueaux carracteres ou figures mystiques, que ie nommeray Escriture Vniuerselle, d'autant que par le moyen d'icelle toutes les nations de la terre, quelques esloignées qu'elles soiẽt les vnes des autres, & ayans mesmes differens idiomes, termes & manieres de parler ; pourront neantmoins se faire entendre intelligiblement. Icelle Escriture Vniuerselle imite ou plustost surpasse les Hieroglyphiques Egyptiens, les carracteres Chinois, & les Nottes de Tiro, affranchy de Ciceron, commentêes par ſainct Cyprian: cõme auſſi toutes autres eſcritures qui ont eſté & ſont en vſage entre les hommes; pource qu'elle eſt ordõnée d'vne telle maniere, que combien qu'elle ſe trouuera ſurpaſſer le nombre de deux cens mille figures ou carracteres differents. Ie ne veux toutesfois que fort peu de temps pour l'enſeigner parfaictement, tant à lire, eſcrire, que retenir par cœur (comme ſi on l'auoit touſiours deuant les yeux) à la nation qui premiere me fera l'honneur de la vouloir receuoir: monstrãt par sa facilité vrayement surpasser les escritures sus specifiées, pour estre (bien qu'admirables) tellement difficilles, qu'à peine l'vne d'icelles seulement peut estre apprise parfaictement en vne douzaine d'années, quelque dilligence que l'on y puisse apporter. Considerant, SIRE, les grands biens, vtilitez & contentemens qui peuuent arriuer aux hommes de cette Escriture Vniuerselle. Et comme de tous les Monarques de la terre, voſtre Majeſté merite ſeule la gloire de la faire mettre en vſage parmy les nations, ie luy viens offrir icelle, & preſenter auec reuerẽce, apres auoir tres-humblement ſupplié V. M. ne la refuſer, comme ont faict de grands Roys au ſiecle preceddant la propoſition, que Chriſtophle Colomb leur faiſoit, ſuiuant laquelle ils pouuoient découurir & poſſeder le nouueau Monde & ſes richeſſes, dont apres ils en ont eu vn regret indicible. Les Maldiuiens & autres peuples Orientaux, ont creu & croyent encores, Don Emanuel Roy de Portugal, auoir esté le plus grand Seigneur du Monde, pource seulement qu'il se faisoit cognoistre en leurs païs loingtains, y introduisant son langage. De toute antienneté les peuples assujettis, ont pris la langue des victorieux, aussi est ce vne vraye marque de souueraineté de contraindre les ſubjets & eſtrãgers à chan-ger de langue, ce que les Romains ont mieux exe-cuté que Princes qui furent oncques, en ſorte qu'ils ſemblent encores cõman-der en la plus part de l'Eu-rope. C'eſtoit le plus ſou-uẽt pour le ſeul ſujet d'eſtẽ-dre ſon lãgage, que les pre-miers Roys & grands Seig-gneurs entreprenoiẽt leurs guerres, & non pouſſez de hayne ou enuieuſe paſſion, & moins pour le deſir qu'ils euſſent de ſ'enrichir de deſ-poüilles, & agrandir leurs

Royaumes & Seigneuries. Aujourd'huy S. V. M. peut, sans coup ferir, sans peine, & presque sans despense, paruenir à ce but tant desiré des antiens, qui sera d'introduire par tout l'Vniuers, non seulement son carractere & maniere d'escrire, mais encores sa langue & parler François. Et en ce faisant, S. surpasser tous les antiens Roys, Princes & Empereurs Romains ensemble, & de plus se faire cognoistre & admirer par tout le Monde, pour le plus grand, le plus puissant, & le plus digne Roy qui y commande, estant le motteur & la cause du plus grād bien qu'vn puissant Roy & grand Monarque pourroit faire aux humains, les rendant communicables les vns auec les autres, & par consequent fauorables, & ce par le seul moyē de ceste Escriture vniuerselle, qui ne tend qu'à la gloire de Dieu, Exaltation de son Eglise, honneur & grandeur de V. M. reputation des François, & au bien general de tous les hommes.

Vostre tres-humble subiect, tres-obeïssant & tres-affectionné,

I. DOVET.

SOMMAIRE DES *grands & vtiles effects de l'Escriture Vniuerselle, cy deuant proposee au Roy.*

IL y a à s'esmerueiller de ce que non seulement le commun des hommes, mais aussi les doctes & sçauans, voire les plus celebres Philosophes qui sont & ont esté, se soient laissez aller à penser & croire, que la guerre, la peste & la famine estoiét les trois plus grans fleaux desquels la toute puissance & Sagesse de Dieu se soit voulu seruir pour chastier & punir l'iniquité qui regnoit auec excés sur la face de la terre. Non il n'en va pas ainsi ; ces trois ordinaires fleaux du Ciel ne sont les plus grans que la Majesté Diuine aye lancé sur la teste des hommes, d'autant qu'encores que ces fleaux espouuentables les ayent frapez de grandes & horribles playes; si est-ce pourtant qu'ils ne les ont pas tous exterminez ny causé des tourmens & peines insuport bles & perpetuelles, ne tombans ces coups de Dieu que sur certains peubles, regions & contrées, n'emportás les humains que par parcelles, les vns apres les autres, & non tous, & tout à la fois. Mais qui voudra jetter les yeux de la consideration ſur les punitions diuines qui n'ont eſpargné & n'eſpargnet perſonne, & qui ſe ſont eſtenduës par tout l'Vniuers, & ſur toutes creatures, il verra & cognoiſtra de bien plus puiſſans coups, & des playes beaucoup plus grãdes & profõdes, deſquelles les hommes en ſont & ſeront outrez de douleur & langueur, iuſques à la conſommation des ſiecles. Ce ſont bien trois autres fleaux lancez, non de la main, mais du bras de Dieu, leſquels ie veux ſeulement remettre en memoire, tous les ſçauent, chacun les voit & les ſent en ſoy, en general & en particulier, combien qu'aucun ou peu y penſent, ou bien ne les mettent en ligne de cõpte, peut-eſtre pour n'y prendre garde, ou peut-eſtre auſſi à cauſe de leurs continuels & trop aſſeurez effects : L'vn deſquels eſt la mort, qui n'a exempté, n'exempte & n'exemptera perſonne, cauſée par la deſobeyſſãnce & trãſgreſſion du premier homme : L'autre eſt le deluge vniuerſel, qui au temps de Noé ſubmergea ce monde inferieur, & noya toutes les creatures eſtans en iceluy : Et le troiſieſme eſt la diuerſité des langues, qui au regne de Nembrot, tirerent leur origine de la ſuperbe de ſes gens & geans qui furent ouuriers & conſtructeurs de la grand' Babel, où les diuersitez de langages (tels que l'on a veu, & qui sont aujourd'huy dispersez & estendus par toutes les nations) se formerent, & prirent vie, naissance ou commencement, à la honte & cõfusion des humains. Car pour dire clairement ce qui en est, la guerre, la peste & la famine, ne sont que celestes rosées, au regard de la mort, du deluge & de cette confusion de langues, desquels les hõmes ont esté & sont aujourd'huy tant affligez par tout le rond de la terre, nul n'est exempt de leurs blessures, chacun se voit vniuersellement outragé de leurs playes malheureuses, qui sans doute apres les auoir bien considerées peuuent estre estimées & iugées par toutes gés, peuples & nations les plus grans & les plus terribles des terribles. Toutesfois pour les deux premiers, nous n'auons à present occasion de nous plaindre, il n'y a que le dernier qui nous est cõme insuportable, d'autant que le premier, c'est à sçauoir la mort par la venuë du fils de Dieu au monde, nous est plus profitable que dommageable, nous faisant passer de cette vie terrestre & lãgoureuse en vne vie celeste & bien-heureuse. Et le second semble ne nous importer, puis qu'il ne s'est faict ressentir que sur les creatures qui se sont trouuées en ce tẽps-là sous la voûte du Ciel, celles qui estoient auparauant ayans esté exemptes de ce naufrage, ainsi celles qui ont esté depuis, qui sont à present & qui viendront apres nous. Mais le troisiesme fleau, qui est cette diuersité de langues, nous touche de bien plus prés, puis qu'il est cause de la plus grande partie des maux qui nous enuironnent, s'opposant directement à nostre bon-heur & felicité, nous ayant causé, tant deuant qu'apres la venuë du Sauueur, toutes les diuerses, fausses & estranges opinions, creances, heresies, sectes & Religions, qui ont, la plus part, pris leur origine ou commencemét, progrez & auancement, pour n'auoir esté bien entendus les parolles, liures & escrits des doctes & sçauants personnages qui ont par le passé presché, traicté & escrit du salut des hõmes, des choses de la Religion, ou de la croyãce que deuoient & doiuẽt auoir les vrays & fideles croyans. Tellemẽt que nous voyõs les nations, pour exemple les Grecs, n'auoir bien entendu les escrits des Hebrieux, les Latins les escrits des Grecs, les François ceux des Latins, & bien souuent les Iuifs mesme n'auoir pas bien entendu les escrits des autres Iuifs, notamment de ceux qui les auoient precedez: & ainsi les autres nations, Laquelle diuersité de langues est aussi cause de la briefueté de nostre fresle & mortelle vie, des grans nombres de

diuerses

diuerses & langoureuses maladies à laquelle elle est sujette, & ausquelles rarement l'on n'y a peu & ne peut on encores apporter les remedes necessaires, que la nature liberalle nous a de tout temps & encores à present produict partout en abondance, & ce faute d'auoir bien entendu & de bien entendre les Aucteurs Hebrieux, Perses, Arabes, Grecs, Latins & autres qui ont escrit de la Medecine. Comme aussi de tant de diuerses opinions & contrarietez qui sont & naissent iournellement en la Iustice, le plus souuent faute pareillement de bien entendre vn passage ou loy d'vn legislateur qui aura precedé quelques siecles, ou qui aura esté escrite en langue & eſcriture non vulgaire, par conſequant mal entenduë & cognuë, ce qui ſe prouue aiſément par les eſcrits des Iuriſconſultes, qui ont ſur le droict ſeul faict vn nombre infiny de de Commentaires diuers, autant voire plus obſcurs que le texte meſme. Eſtant encores ceſte diuerſité de langues l'vn des grãds motifs & ſujects des guerres que les peuples & nations ont eu, & ont les vns auec les autres. Et de beaucoup d'autres incommoditez qu'ils ont reſſenty & reſſentent iournellement, comme de ne pouuoir faire aiſément allience & amitié auec les eſtrangers, conuerſer & trafiquer auec eux, auoir cognoiſſance & intelligence des beautez & ſecrets de leurs païs. Bref d'aprendre les Arts & les ſciences, de facilement lire & entendre les liures & eſcrits qui en traittent, & ainſi de mil autres choſes diuerſes que ie laiſſe à dire, pour éuiter prolixité. C'eſt pourquoy le grand Docteur S. Auguſtin au ſeptieſme chapitre de ſon dix-neufiéme Liure de la Citté de Dieu, dict ces mots, *La diuerſité des langues a eſtranglé l'homme de l'homme, car ſi deux ſe rencontrent l'vn l'autre, & ne peuuent paſſer outre, ains ſont contraints par quelque neceſsité d'eſtre enſemble, d'eſquels l'vn n'entend pas la langue de l'autre, les animaux muets meſme eſtans de diuers genres, s'accompagnent plus aiſément enſemble que ceux-là eſtans tous deux hommes. Car quand ils ne peuuent communiquer ensemble ce qu'ils pensent, pour l'amour de la seule diuersité de langues, vne si grande similitude de nature ne profite de rien pour faire que les hommes s'accompagnent, en maniere qu'vn homme est plus volontiers auec son chien qu'auec vn homme estrange.* Ausquelles choses il semble toutesfois que l'on peut remedier, s'aidant d'vn truchement ou apprenant les langues, mais le premier est incertain d'autant que le truchement sera ignorant ou trompeur, peut estre tous les deux ensemble, comme ordinairement sont les hommes, & notamment les mercenaires. L'autre qui est d'apprendre les langues est chose tant penible

& dificile, voire à bien parler impossible, que les plus beaux esprits des hommes de ce temps, à peine pourroient-ils auoir l'intelligence seulement, d'vne sixiesme partie des langues qui sont auiourd'huy en vsage entr'eux, quand bien ils y emploiroient pour les apprendre tous les iours de leurs vies, & au bout quand ils les sçauroient-ils se trouueroient pour toutes choses remplies de mots, & vuides de sciences.

Consirerant que les hommes se font entendre & comprendre par les parolles qu'ils proferent ou articulent à ceux ausquels ils parlent, par signes, figures, caracteres & lettres aux muets & absens. Et qu'autrefois les Egyptiens par le moyen de leurs Hieroglifiques, les Romains par leurs Nottes que Tiro affranchy de Ciceron a inuentees, & l'Euesque S. Cyprien commentees. Et à present les peuples & habitans du grand Royaume de la Chine par leurs diuersités de carracteres, se sont faits & font pareillement entendre non tant facilement que nous & autres peuples qui se seruent d'alphabets contenant peu de figures ou lettres differentes, mais aussi vniuersellement, & par consequent plus vtilement : d'autant que l'vne ou l'autre d'icelles trois manieres d'escritures que l'on peut nommer admirable (pour ce qu'en vn besoin elles pourroiét seruir pour tous les hômes en toutes les parties de la terre) cõtiennent vn nõbre incroyable de diuerses figures & carracteres, tres-dificilles à figurer, & impossible, ce semble, de pouuoir tous estre retenus par-cœur (ce qui est toutesfois necessaires) puis que seulement les Chinois disent qu'à peine trente ou quarante années d'estude peuuent suffire à vn homme pour bien apprendre à lire & escrire leurs lettres, carracteres ou escritures : raison pourquoy ceux d'entr'eux qui les sçauent mieux lire, figurer & representer, tiennent le premier rang parmy les doctes, ainsi qu'entre les anciens Hebrieux, les Scribes tenoient le premier lieu de sçauans, apres les Prestres de la loy. Il ne se peut guaires moings trouuer de difficultez és Nottes, mais principallement és Hieroglyfiques; pour lesquels former & figurer faut sçauoir peindre, du moings crayonner, & pour les entendre & comprendre faut estre naturaliste, voire Philosophe parfaict.

Partant esperant d'apporter aux viuans & à leur posterité quelque remede facile pour les soulager à supporter ce grand & penible fleau de la diuersité des langues, & donner vn bon & grand commencement pour le faire en peu de temps beaucoup diminuer, & en fin du tout perdre & aneantir: Si tant est que le grand Dieu par sa bonté & toute puissance vueille en cela fauoriser ses pauures creatures.

C'est

~~C'eſt pourquoy apres auoir pluſieurs fois penſé à ces choſes:~~ Ie me ſuis mis & occupé à dreſſer vn nombre de cent à ſix vingts alphabets de differends carracteres, partie deſquels ont eſté cy-deuant & ſont auiourd'huy en vſage ſur l'eſtenduë de la terre, du moings en la plus grande partie d'icelle, & de chacun d'iceux alphabets ay eſcript trois dictions, qui en font enſemble enuiron trois cens, non de differentes langues, mais de differends caracteres ſeulement; plus vne trenteine de pareilles dictions en autant de differentes langues, mais ſeulement en vne vingtaine de diuerſes ſortes d'eſcritures, tant occidẽtales, leuentines, meridionales, que d'antique & nouuelle inuẽtion. Cõme aussi vne vingtaine & plus d'autres tables d'vne escriture à laquelle à bon droict i'ay donné le nom d'Vniuerselle : que par la grace de Dieu ay trouuée & inuentée pour le bien, vtilité & contentement des hommes, laquelle des le 23. du mois de Iuin dernier, i'ay par vn petit discours offerte & presentee à V. M. pour l'auoir des sa naïssance, voire des sa conception, SIRE, dediée à vostre grandeur & à vos merites: Lequel discours i'ay en suitte donné à Messieurs le Cardinal de Richelieu, Garde des Sceaux, President Dausembray, Phelipeaux & de Vic, les Marquis de Soüuray, de Humyeres & plusieurs autres, & à chacun d'eux tenu quelques parolles sur iceluy, le tout ne tendant à autre fin qu'à obtenir des Commissaires deputez de par V. M. pour estre ouy & faire voir par preuues demonstratiues, icelle E scritures Vniuerselle estre non seulement tres-vtile & necessaire à tous les hommes de la terre, mais encores tres-facile à escrire, retenir en memoire & à introduire entre & parmy toutes les nations.

Ayant laissé expres quelques autres voyes que i'auois cherchées & comme trouuées pour ayder aux humains à supporter ce grand & penible fleau de la diuersité des langues, pour autant que ie ne les ay estimees tant faciles & vtiles que celles de noſtre Eſcriture Vniuerſelle : ie me ſuis fixemẽt arreſté ſur elle pour la voir et iuger la meilleure, la plus prompte & la plus facille qui ſe pouuoit trouuer, & qui ſurpaſſe (non ſeulement) les trois ſuſdites admirables eſcritures, mais encores toutes les autres qui ont eſté & ſont auiourd'huy en vſage, auſſi elle contient en ſoy pluſieurs merueilles, ſingularitez, proprietez, & vtilitez, la plus grande partie deſquels i'eſſairay d'eſcrire le plus ſuccinctemẽt qu'il me ſera poſſible: Apres auoir proteſté deuant Dieu, n'auoir autre but que la gloire de ſon S. Nom, Exaltation de ſon Egliſe, grandeur de V. Majeſté tres-Chreſtienne, honneur & contentement des François, &

vtilité generale de toutes les nations de le terre.

Premierement ceste Escriture Vniuerselle est non seulement plus belle à la veuë, mais encores plus facille à escrire retenir par-cœur, & beaucoup plus intelligible, pour contenir toutes sortes de discours & sciences, & en toutes langues, qu'aucunes autres escritures qui iusques au iourd'huy ayent esté trouuées, inuentées & pratiquées, ce que les choses cy-apres dictes feront voir clairement.

Icelle Escriture Vniuerselle peut par les proprietez, vertus & forces de ses carracteres, faire entendre par escrit les vns auec les autres, non seulement les peuples qui ont entr'eux l'vsage d'vne escriture parfaite, mais aussi les bas Bretons & Biscains, les premiers habitans en ce Royaume, & les seconds en celuy d'Espagne, le langage desquels ne s'est encores iusques auiourd'huy peu mettre bien intelligiblement par escrit, & pareillement les autres peuples qui ne se seruent d'aucunes escritures, cõme sont les nations du tout barbares, & les Sauuages du nouueau Monde, & faire choisir par tous les hommes & creatures humaines ceste Escriture Vniuerselle & la langue Françoise, ou autre belle & elegante au chois de V. Majesté.

Icelle Escriture Vniuerselle se peut escrire & lire en toutes les sortes & manieres que l'on a escrit & leu, & que l'on peut encores pour le jourd'huy escrire & lire en cet Vniuers, & mesme en d'autres non encores vsitées, comme est remarqué cy apres.

Car on la peut escrire & lire en la mode & façon des escritures qui sont aujourd'huy en vsage entre les peuples de l'Europe, lesquelles s'escriuent & lisent par lignes droictes, commençantes à la main gauche, & finissantes à la main droicte.

Aussi elle se peut escrire & lire par lignes droictes, comme celles de la plus grãde partie des peuples Leuentins ou de l'Asye, icelles s'estendantes de la main droicte à la main gauche.

Et encores par mesmes lignes droictes commençantes de la

main droicte, & finissantes à la main gauche : mais la premiere ligne d'icelles estant au bas de la page, & la derniere au haut d'icelle, partant d'vne maniere & façon non encores vsitée.

Mesme elle se peut encores escrire & lire par colomnes à la maniere qu'escriuent & lisent les Chinois, commençans icelles colomnes par le haut de la page, & finissans par le bas d'icelle, la premiere desquelles estant à la main droicte, & la derniere à la main gauche.

Ie trouue encore icelle Escriture Vniuerselle se pouuoir escrire & lire aussi par colomnes, commençantes de la main droicte à la gauche, mais par le bas de la colomne, & finissant par le le haut d'icelle en la maniere qu'escriuoient autrefois, & que peuuent encores escrire à present les naturels peuples de la Mexique, Royaume du nouueau monde.

Icelle se peut encores escrire & lire par colomnes qui commenceront du bas en haut de la feuille : mais au contraire des autres, icelles colomnes allans de la senestre à la dextre, partant d'vne sorte & maniere nouuelle, & non encores entenduës & veuës pour le jourd'huy.

De plus, icelle Escriture vniuerselle imite en beaucoup de ses parties l'escriture Hebraïque, puis qu'elle se peut escrire & lire par lignes droictes s'estendantes de la main droicte à la gauche,

& par carracteres ponctuez & non ponctuez: comme aussi par figures significatifues de beaucoup ou plusieurs choses, comme icelle escriture Hebraïque non ponctuée, mais bien plus amplement, facilement & parfaictement.

Et outre ces choses, icelle peut estre encores leuë tout en vn temps, deuant & derriere, comme se lisoiēt les Tables de la Loy és mains de Moyse lors qu'il les monstroit au peuple d'Israël, lesquelles luy furent données de Dieu au mont de Sinay.

Et en l'vne & en l'autre maniere d'icelle escrirure Hebraïque ponctuée & non ponctuée, icelle Escriture Vniuerselle se peut lire & escrire par lignes droictes commençantes à la main dextre, & finissantes à la senextre, & encores par mesmes lignes droictes, mais icelles commençantes à la main senextre & finissantes à la dextre par le haut de la feuille, & encores par le bas d'icelle.

De plus, icelle Escriture Vniuerselle, se peut escrire, lire & considerer en deux manieres, l'vne de figures mistiques, comme les Hieroglyfiques, Nottes de Tiro, & carracteres Chinois & l'autre és autres sortes & manieres desquelles les escriuains & Lecteurs François, Latins, Grecs, Sclauons, Arabes, Hebrieux, & autres de la terre, se seruent & vsent ordinairement, figurans & nomans des Silabes, lesquelles assemblées par diuerses metacheſes font des mots ſignificatifs de toutes choſes, leſquelles deux choſes enſemble aucunes eſcritures qu'elles qu'elles ſoient ne peuuent faire ſinon la noſtre vniuerſelle, & aucunement, mais tres-difficillement l'Hebraique non ponctuée, laquelle combien qu'elle ſoit eſtimée, la premiere, la plus parfaicte & la plus digne eſcriture qui iuſques auiourd'huy, ſoit & aye eſté miſe en vſage, ſi eſt-ce pourtant qu'elle ne peut & ne ſçauroit s'egaller à noſtre Eſcriture Vniuerſelle, & moins emporter le deſſus & preeminance ſur elle, ce qui eſt tres-facille à iuger, tant par ce qui a eſté cy-deuant dict, que par ce qui le ſera encores cy-apres.

Eſtant icelle Eſcriture Hebraïque, comme pareillement toutes les autres, excepté la nostre Vniuerselle (outre ce qu'elles ne peuuent seruir vniuersellement) tellement difficilles qu'elles ne sçauroient estre apprises à estre bien formées, figurées & escrites, si ce n'est par vn long & laborieux trauail : ce que l'Abbé Triteme en sa Polygraphie, liure 5. p. 182. le tesmoigne tres bien en ces mots. *Il est certain & notoire qu'il n'y aura & ne se pourra faire parfaict escriuain tant docte & bien sçachant soit-il de quelque langage que ce soit, qui (selon les vrays & deus caracteres d'iceluy) puisse bien corectement escrire, s'il n'a acquis l'art & science par long vsage, asidu trauail & continuation d'escrire.*

Ayant donc icelle eſcriture Hebraïque, & pareillement toutes les autres, tant de difficultez pour les bien eſcrire, elles ne peuuent eſtre eſtimées & iugées que moindres que la noſtre Vniuerſelle, qui pourra touſiours eſtre par les plus groſſieres & ignares perſonnes du monde, appriſe à figurer ou eſcrire parfaictement (ſi aucunes choſes ſe peuuent apprendre & faire en perfection) en moins de iours qu'il faudroit qu'ils employaſſẽt de mois pour apprendre vne ſeulle des autres eſcritures, meſmes l'vne des plus faciles vſitées aujourd'huy entre les François ou autres peuples de l'Europe, l'vne deſquelles ſçachant vn peu lire, & griffonner, ou encores ne la ſçachãt du tout escrire, ils pourront neantmoins en peu de iours apprendre en perfection à escrire nostre Escriture Vniuerselle. Et de plus, ie m'oserois bien venter de dire que les aueugles le pourront pareillement faire, & non trop difficilement, mais assez passablement bien : comme aussi à lire icelle, moyennant qu'elle soit en grands carracteres, grauée ou faicte de relief, en bois, metail, pierre ou autre matiere dure.

Cette Escriture Vniuerselle a encores par dessus toutes les autres escritures cecy de singulier, qui est que les enfans estrangers & Escolliers auront plustost, voire de moitié, apris à lire quelque langage que ce soit, estant escrit en nos carracteres vniuerſels qu'ils n'auroient faict ſi iceluy langage eſtoit eſcrit en leurs propres & ordinaires carracteres pour pluſieurs raiſons, que ie ne veux icy mettre, les reſeruant à dire de bouche ou eſcrire pour vn autre temps & lieu.

Voyez encores noſtre Eſcriture vniuerſelle, & la conſiderez, ſoit par ſes ſylabes & mots, comme eſt cy deuant dict, ou par ſes figures myſtiques que trouuerez atteindre, voire ſurpaſſer le nõbre de deux cens milles, qui pourront repreſenter, figurer & ſignifier toutes parolles & choſes qui ſe peuuent nommer au monde, & ce plus facilement & parfaictement qu'auec aucunes autres eſcritures, voire qu'auec iceux hieroglyphiques Ægyptiens,

tiens, Nottes de Tiro & carractères Chinois, combien que ce soient (comm'il est dict cy deuant) escritures tres-admirables, & qui en vn besoin pourroient seruir pour tous les hommes, & par toute la terre, pour les faire entendre par escrit, cõbien qu'ils ne le peussent faire de parolles, pour estre de diuerses nations & langues, mais non tant proprement, facilement & intelligiblement que nostre Escriture Vniuerselle.

Icelle ayant, outre ce, encores vne autre proprieté qui est de faire, que chacun, qui en aura cognoissance, pourra par son moyen lire toutes sortes de liures, de quelque science ou art qu'ils puissent traicter, s'ils sont eſcrits en iceux carracteres vniuerſels, quand bien ſe ſeroit en pays, nations & langues incogneuës ou ignorées, d'autant que chacune figure myſtique d'icelle Eſcriture Vniuerſelle pour eſtre ſignificatiue des choſes & des parolles, paſſera entre les hommes pour la nommination & ſignification de ce que chacune nation, à cauſe de la diuerſité des laugues, nomme diuerſement, comme entre les peuples de l'Europe, & meſme entre la pluſpart des Leuantins & Meridionaux, les Nottes de chiffre, de Muſique, de Droict, de Medecine & d'Aſtrologie, paſſent en meſmes figures & ſignifications, combien qu'elles ſoient en beaucoup de ces lieux ou païs appellées ou nommées diuersement. Partãt vn discours, Histoire ou autre chose escrite en carracteres vniuersels (apres auoir esté en vsage par tout le monde) sera leu en son propre langage, si bien qu'vn François cognoissant icelle Escriture Vniuerselle, & ne sçachant autre langue que la siéne, lira en François icelle Escriture Vniuerselle. L'Italien, l'Espagnol, l'Alleman, l'Indien & le Chinois en feront autant, mais chacun en sa langue, partant diuersement : & ainsi tous les autres peuples de l'vniuers.

Plus, icelle Escriture Vniuerselle est composee d'vne telle maniere, qu'encore qu'elle soit escrite assez viste, si est-ce pourtant qu'elle ne ſera iamais faicte auec aucune difformité, pource qu'elle ſera touſiours droicte, ne ſurpaſſera outre meſure en haut ny en bas, partant ſera veuë en tres-beaux, agreables & liſibles carracteres, leſquels iamais ne changeront, par conſequent conſerueront eternellement, ou pour mieux dire iuſques aux derniers ſiecles, tant noſtre forme & maniere d'eſcrire, d'ortographer, que les parolles & autres choſes qui meriteront l'eſtre, ſans que la longueur des temps les puiſſent faire changer ainſi qu'elles le ſont ordinairement de ſiecle en ſiecle, & quelques fois plus ſouuent, & ce faute de bonne regles, & principalement à cauſe de la defectuoſité de toutes les eſcritures qui iuſques aujourd'huy ont eſté & ſont en vſage entre les hommes.

Et pour exemple, les eſcrits & les noms des choſes & parolles ſont tellement changez aujourd'huy, qu'il eſt preſque incroyable, à cauſe que les lettres ou alphabets des eſcritures, & les parolles ſe ſont diuerſifiées, & ſe diuerſifient journellement en tant de manieres qu'il ne ſe peut dire plus. Partant il faut eſtre bien verſé & viſité és caracteres antiques pour pouuoir lire ſeulemẽt les eſcrits des François faicts il y a mil ans ou cinq cens ans ſeulement: ce qui n'arriuera iamais en noſtre Eſcriture Vniuerſelle, d'autant que la forme & figure de ſes carracteres ne ſe changera aucunement par quelque vieilleſſe d'années qui luy puiſſe arriuer; & ſi par ſon moyen les eſcrits des Aduocats, Praticiens & Medecins, qui ne ſont faciles à cognoiſtre & lire que par eux, & autres de leur art, ſeront à l'aduenir tres-aiſez & facilles à lire par tous ceux qui le voudront, ſ'ils viennent à eſtre faicts en ces carracteres vniuerſels.

Et d'abondant toutes perſonnes qui deſirerõt grauer ceſte Eſcriture Vniuerſelle, ſoit ſur cuiure auec le burin ou auec eau forte, ou bien la grauer ou tailler de relief en bois, & apres l'imprimer en chacune de ſes quatre manieres differentes, ils le pourront auſſi bien & mieux faire que de l'escriture & plus facilement, correctement & promptement qu'il ne se compose & imprime auiourd'huy par les plus sçauans & habiles Imprimeurs, sans qu'il soit auparauant besoin auoir apris à grauer en cuiure, soit auec le burin & eau forte, tailler en bois, ny mesme sçauoir aucunement crayonner, peindre & escrire, lesquelles choses pas seulement vne d'icelle ne se peuuent faire d'aucunes autres Escritures, du moins ne se sont point encores proposees & moins pratiquees, ce qui sera neantmoins tres-facille & aisé à faire, & pratiquer en nostre Escriture Vniuerselle.

A cause des particuliers & grands effects cy-dessus alleguez, qui ſont en noſtre Eſcritures Vniuerſelle, l'on peut veritablement dire d'elle, quelle eſt plus admirable en ſoy, & vtile aux hommes, que quelques autres choſes qui ayent eſté trouuees par eux, quelque merueilles que l'on puiſſe dire de l'imprimerie, qui ne pourra au plus tenir & emporter que le troiſieſme rang des grandes & belles inuentions, le premier, eſtant veritablement deu aux lettres, & le ſecond à noſtre Eſcriture Vniuerſelle.

Ballençons à preſent & mettons en pararelle quelques parcelles ſeulement des effects que peut faire noſtre Eſcriture Vniuerſelle, à l'encontre de ce que ſur le ſujet des Eſcritures & langues,

gues: Monsieur du Bellay en a escrit au liure qu'il a faict de l'illustration de la langue Françoise, dans lequel au premier liure, chap. 10. il dict ses propres mots, *Les escritures & langues ont esté trouuees non pour la conseruation de nature, laquelle (comme diuine qu'elle est) n'a mestier de nostre ayde: mais seulement à nostre bien & vtilité:* [a] *afin que presens, absens, vifs & morts, manifestions l'vn à l'autre le secret de nos cœurs. Plus facilement paruenions à nostre propre felicité, qui gist à l'intelligence des sciences, non point au son des parolles,* [b] *& par consequent celles langues, & celles escritures deuroient plus estre en vsage, lesquelles l'on apprendroit plus facilemẽt!* [c] *Las & combien seroit meilleur qu'il y eust*

a Nostre Escritnre Vniuersellepeut faire cognoistre à tous presens, absens, & à ceux qui viendront, toutes sortes d'affaires cognoissances & intelligences de toutes sciences.

b Estant la plus facile& intelligible escriturequi iusques à ce iour aye esté inuentée, cognuë & mise en vsage.

c Et qui pourra cau-

au monde vn seul langage naturel: que d'estudier tant d'annees pour apprendre des mots: & ce iusqu'à l'aage bien souu nt, que nous n'auons plus ny le moyen, ny le loisir de vacquer à plus grandes choses. d *Le Latin, Grec & autres langues sont tant penibles à apprendre que bien souuent ils sont cause aux ieunes Escoliers de quitter toutes exercices de sciences pour trouuer auoir trop de peine à apprendre des mots seulement.* e *Mais il se deuroit faire à l'aduenir qu'on peust parler de toutes choses par tout le monde & en toute langue: Certainement si nous auions des Mecenes & des Augustes, les Cieux & la nature ne sont point si ennemis de nostre siecle, que n'eussions encores des Virgilles. L'honneur & la re-*

ser vn iour qu'il n'y aura qu'vn seul langage, & vne seule Escriture entre les hommes par tout le monde.

d Laquelle Escriture donnera moins de peine à prédre que l'vne des langues mentionnées par le Sieur du-Bellay en ce texte, voire qu'aucunes autres langues cognuë aujourd'huy.

e Cecy est tres-dificile & à bien

compense nourrist les arts & ne s'éleuent iamais les choses qu'on voit estre desprisées de tous.

parler impossible aux hõmes, s'ils n'apprenoient (ce qu'ils ne sçauroiẽt) la cognoissance de toutes les langues auiourd'huy vsitees. Ou que la diuine bonté vint à operer miraculeusement sur eux, comme elle fist sur les Apostres, par la descente ou communication de son S. Esprit le iour de la Pentecoste, sinon qu'ils se portassent auec desir, volonté & affection, d'entendre, comprendre, cognoistre ou apprendre nostre Escriture Vniuerselle, par le moyen de laquelle toutes gens de quelques differentes nations & langues qu'elles soient, pourrõt se communiquer, & se faire entendre intelligiblement les vns auec les autres, comme il est cy-deuant plusieurs fois repeté.

Disons à present que si vostre Majesté & vostre Conseil, SIRE, approue & estime cest Esctiture Vniuerselle, & quelle desire la voir s'estendre & estre en vsage par tout son Royaume, & en suite parmy & iusqu'aux extremités de l'Vniuers: & par mesme moyen donner vn grand & bon cõmencement pour faire aneantir & perdre la plus grande partie des impertinens, penibles & inutils langages & jargons qui sont auiourd'huy en vsage entre les hommes, & faire reseruer sur toutes langues, la Françoise ou autre belle & elegante à vostre choix, SIRE, suiuant vostre desir, intention, volonté & affection. Ie luy proposeray, declareray ou escriray quand il luy plaira me le faire commander, les inuentions & faciles moyens, desquels il sera besoin se seruir pour y paruenir promptement.

Ie laisse à present aux Lecteurs & Auditeurs, la liberté de faire & dire ouuertement leur Iugement, sur l'vtilité, & effects de ceste Escriture Vniuerselle, laquelle i'estime qu'ils ne voudrōt improuuer & moins jetter contre elle des imprecations pour ne deuoir estre enuieux des grandes, belles & profitables inuentious, s'ils ne se veulent monstrer contraires à leurs propres felicitez, & de tous les autres hōmes, cōme estoit vn Thymon Athenien. Partant ie crois plustost qu'ils priseront, loüeront & beniront icelle, voire plus qu'ils feront des prieres & des vœuz au Tout-puissant, afin quelle soit bien tost cōmuniquée par toutes les nations de la terre, aux hommes habitans icelle, par eux mise en vsage, & familierement pratiquées, puis quelle est tant facile, & fait tant de merueilles, de peur que delaissée en tenebres elle ne vienne à se croupir, relantir, gaster, & en fin se perdre entierement.

Et à fin que les choses dictes & faictes, & celles qui sont encore à dire & à faire, paruiennent en leur entiere perfection, prions tous d'vn cœur deuotieux l'incomprehensible Illuminateur, qu'il nous desille les yeux, & nous oste les nuages de la veuë, pour nous faire voir & cognoistre les merueilleux effets cy dessus proposez, de cette Escriture Vniuerselle : & encores ceux qui sont enclos, contenus & cachez en icelle, pour nous estre promptement des-voilez, descouuerts

& donnez à entendre, de crainte qu'ils ne se tournent en fumée, & s'esuanoüissent de nous.

Par vostre tres-humble subject, tres-obeyssant & tres-affectionné,
I. DOVET.

www.ingramcontent.com/pod-product-compliance
Lightning Source LLC
LaVergne TN
LVHW011957160826
845678LV00002B/581
* 9 7 8 2 3 2 9 6 8 4 6 0 4 *